A M. Ernest Brelay
souvenir amical
A. Vav

ÉTUDE

POLITIQUE ET JURIDIQUE

SUR LE SÉNAT

PAR

A. VAVASSEUR

AVOCAT A LA COUR D'APPEL DE PARIS
~~ADJOINT AU~~ MAIRE DU IIe ARRONDISSEMENT

PARIS
MARCHAL, BILLARD ET Cie, ÉDITEURS
27, Place Dauphine

1881

ÉTUDE

POLITIQUE ET JURIDIQUE

SUR LE SÉNAT

CHAPITRE I.

LES QUESTIONS A RÉSOUDRE.

Faut-il un Sénat ou une Assemblée unique?

Si le Sénat est conservé, doit-on le modifier, et comment?

Ces questions sont posées devant l'opinion, et il est impossible de les éluder.

Vainement, pour les discréditer, a-t-on dit qu'elles sont nées d'une sorte de rancune personnelle, de l'échec subi au Sénat par l'auteur du projet de loi sur le scrutin de liste ; car d'autres lois, plus chères encore à la démocratie tout entière, ont été rejetées, et l'on devrait accuser tous les républicains qui demandent la revision d'avoir épousé cette prétendue rancune, reprocher à M. Clémenceau de venger les injures de M. Gambetta.

Au surplus, que ce soit cela ou autre chose, il n'importe ; il n'y aurait là que des causes occasionnelles ; la cause première est plus haute et plus lointaine : elle vient de la Constitution elle-même, qui contenait en germe ces questions. Tôt ou tard, au premier conflit, et le conflit était toujours menaçant, elles devaient surgir ; lorsqu'une mine est chargée, il suffit d'une étincelle pour enflammer la mèche et faire voler en éclats les roches les plus dures.

Des chocs répétés ont fait jaillir l'étincelle, et l'édifice sénatorial est ébranlé jusqu'en ses fondements. La revision constitutionnelle, descendue des régions parlementaires sur la plate-forme électorale, apparaît aujourd'hui à l'état de revendication populaire, et elle figure parmi les articles essentiels des nouveaux cahiers du suffrage universel.

Ce sont les amis du Sénat, ses parrains, on pourrait même dire ses fondateurs, qui l'auront voulu ; véritables Dandins parlementaires, ils auront précipité la crise qu'ils avaient tant d'intérêt à retarder. La démocratie moderne est patiente, et les leçons du passé lui ont donné l'esprit pratique. Elle s'était accommodée d'une Constitution plus imposée que consentie, d'un Sénat monarchique, qu'elle aurait volontiers oublié, laissé vivre, s'il n'avait pas tenté d'exagérer sa puissance, de prendre le pas sur la véritable représentation nationale, si, en un mot, il ne s'était pas dressé devant elle comme un obstacle aux réformes les plus réfléchies et les plus voulues.

Le Sénat ne ressemble plus ainsi qu'à une Bastille du passé, donnant asile aux derniers débris des régimes déchus pour tirer en toute sécurité sur la République. Il ne doit pas s'étonner du cri de guerre poussé contre lui par une avant-garde d'impatients : *Delenda Carthago.*

En présence de cette attitude décidément hostile, il est permis à tous assurément de s'inquiéter, de s'émouvoir, de rechercher l'origine de cette Chambre haute qui se montre si hautaine envers l'autre, réduite effectivement au rôle de Chambre basse ; de se rappeler comment et par qui elle a été introduite dans la Constitution. On sent revenir d'anciens soupçons qui, déjà, autrefois, vous avaient mordu le cœur : ce Sénat, pourvu d'attributions monarchiques, dans une Constitution républicaine, n'est-ce pas une machine de guerre dressée contre la Constitution elle-même, instrument perfide, capable, à un jour donné, de tuer violemment la République sous les formes d'une hypocrite légalité ? Ou, danger non moindre, n'y a-t-il pas dans cette dualité du pouvoir législatif un germe d'anarchie, secret espoir des partis vaincus, qui verraient avec bonheur l'Etat républicain se dissoudre et se suicider dans des convulsions intestines!

Dans l'une ou l'autre hypothèse, c'est le trait mortel au flanc de la République.

Hœret lateri lethalis arundo.

CHAPITRE II.

LETHALIS ARUNDO.

Il est certain, et nul homme de bonne foi ne le niera, qu'aux yeux de beaucoup de conservateurs le Sénat est un des rouages essentiels d'une République parlementaire. Il y a parmi eux des hommes ralliés par M. Thiers au régime nouveau et qui, à sa suite, ont consenti à faire l'*essai loyal* de la forme républicaine, mais qui ne sont pas encore tout à fait convaincus que l'essai soit terminé, et d'autres qui ne l'ont cru ou ne le croient possible qu'avec un Parlement divisé en deux Chambres.

Le parti républicain s'est résigné, lui, à subir le Sénat tel qu'il lui était proposé, ou plutôt imposé en 1875 ; c'était la condition mise à la reconnaissance de la République, jusque-là gouvernement de fait, et qui allait devenir enfin le gouvernement légal du pays. Devant cet intérêt supérieur, il sacrifia ses vues et il fit même contre fortune bon cœur, en proclamant, par la bouche du plus autorisé de ses représentants, que le nouveau Sénat, à l'élection duquel allaient concourir les délégués de tous les Conseils municipaux, serait le grand conseil des communes de France. Il se montrait donc disposé à en faire aussi un essai loyal, espérant que les conflits, s'il en survenait, se dénoueraient par des transactions toujours faciles, quand elles n'ont pas pour résultat d'altérer les principes.

Mais, à côté de ces groupes, il y avait la coalition, très compacte alors, des monarchistes entêtés, absolument réfractaires au régime nouveau, quelques-uns par fanatisme, la plupart par intérêt, par ambition déçue, par la conviction acquise que leur influence était désormais perdue, que c'en était fait des classes dirigeantes, si mal dirigées par eux, et qu'allait submerger la marée montante des nouvelles couches sociales. Ils s'intitulaient et se disent encore le grand, le seul grand parti conservateur, alors que, depuis 1871, ils n'ont pas cessé de rêver le renversement du gouvernement établi.

Ils ne s'en sont pas tenus au rêve, et la conspiration monarchique, qui a menacé les premières années du nouveau régime, est un fait authentique, avoué par eux-mêmes, et déjà enregistré dans les fastes de l'histoire contemporaine.

Pour ces hommes, le Sénat ne fut pas seulement une arme défensive, un frein modérateur comme pour les parlementaires ralliés ; mais il devait être, il devint un jour, et ils espèrent qu'il redeviendra une arme offensive, à l'aide de laquelle ils pourront refaire la Monarchie sur les ruines de cette République abhorrée.

C'est l'instrument de mort, *lethalis arundo*, qui doit servir à réaliser leurs desseins.

Si oublieux que nous soyons, aurions-nous déjà perdu le souvenir de ces événements d'hier? De ce long drame que nous avons vu se dérouler avec tant de péripéties, et où les conspirateurs masqués, se trompant, se trahissant les uns les autres, ayant trois monarques à placer lorsqu'il n'y avait qu'une monarchie à gagner, n'étaient d'accord que pour détruire la République, sauf à se battre sur ses débris pour conquérir la place.

Le traître, ce devait être d'abord M. Thiers, qui ne voulut, puis le maréchal de Mac-Mahon, qui n'osa.

Le drame eut ses trois actes :

Au 24 mai, le renversement de M. Thiers qui, cependant, leur avait promis *une République sans républicains*. On lui donna pour successeur, non un homme, mais une épée, dont ils avaient la poignée en leurs mains, et dont ils tinrent la pointe sur le cœur de la République. Les noms qui semblaient un hommage au régime de fait établi depuis 1870 furent effacés, en attendant que le régime lui-même disparût; le Président de la République ne s'appela plus que *le Maréchal*, et la République devint *le Septennat*, nom barbare, forgé en haine du nom réel, et tiré de la loi du 20 novembre 1873, qui remit pour 7 ans le pouvoir exécutif au maréchal de Mac-Mahon. Puis on exhuma le spectre vieilli du *péril social*, et des matamores poussifs osèrent, en plein Parlement, proclamer le *gouvernement de combat*. Entre temps, des capitaines Fracasse annoncèrent qu'ils allaient *faire marcher la France*.

Mais la France ne marcha que sur le fantôme, et ils en furent pour leurs cris et leurs gestes.

Tout leur manqua, jusqu'au *Roy*, vainement évoqué par eux, et qui voulut rester, image immaculée et impuissante, dans le cadre historique où il se tient enfermé. Le comte de Chambord leur apparut ainsi dans les plis du drapeau blanc, qui *aurait fait partir les chassepots tout seuls*, selon un mot qui fut prononcé dans un éclair de bon sens.

C'en était fait. La France, énervée, voulait un gouvernement, et le ministère de la conspiration dut céder la place au ministère Dufaure, qui présenta et fit voter les deux lois constitutionnelles sur l'organisation des pouvoirs publics. Elles portent les dates des 23 et 24 février 1875.

Ce fut le commencement du second acte.

Mais les royalistes battus avaient un allié puissant dans le chef du Septennat, et c'est grâce à cette alliance qu'ils purent faire passer leur Sénat monarchique, dans lequel ils espéraient bien se réfugier pour recommencer la lutte à l'occasion prochaine.

Non seulement ce Sénat est l'égal de l'autre Chambre ; il a comme elle le droit de vote, d'amendement, d'initiative, et par là il peut mettre en échec la volonté nationale, exprimée par le suffrage universel direct, et tenir l'Etat en suspens entre ces deux moitiés du pouvoir législatif, insurgées l'une contre l'autre.

Cela ne suffit pas, et pour lui assurer la suprématie, on lui accorda le droit régalien de dissolution, sous la seule condition que ce fût d'accord avec le Président de la République, accord dont on était certain, tant que le Président serait le maréchal, le chef dévoué du Septennat.

Le Sénat ainsi constitué, il ne reste plus qu'à s'en emparer, et l'on y a pourvu : le quart de ses membres sera nommé par l'Assemblée nationale elle-même, c'est-à-dire par l'Assemblée royaliste de 1871 que M. Thiers espérait avoir conquise et qui lui prouva si brutalement le contraire au 24 mai. Cette fournée de 75 sénateurs, déclarés inamovibles, devait assurer une majorité prête à tout, majorité viagère sans doute, mais devant durer assez longtemps pour atteindre le but final.

Telle était la condition léonine de l'odieux

marché imposé par la faction royaliste qui comptait bien, en échange d'une République nominale, garder le pouvoir effectif. Ses chefs, les plus habiles et les plus audacieux, allaient ainsi s'introduire au cœur de la place, inexpugnables, à l'abri du suffrage universel qui les aurait prochainement expulsés de la vie politique. Ce devait être, pour l'élite des classes dirigeantes, comme une sorte de renaissance, procurant à la fois honneur et profit.

Il est vrai que dans cette position nouvelle ils étaient fatalement condamnés à trahir le *Roy* ou la République : le *Roy*, s'ils se ralliaient fidèlement à cette Constitution qu'ils édifiaient de leurs propres mains ; la République, s'ils se servaient de cette œuvre même pour la détruire.

Toute cette savante stratégie échoua d'abord assez piteusement. Grâce aux rivalités ardentes qui surgirent dans la coalition monarchique, la grande majorité des 75 fut choisie dans le parti républicain. Immense déception, qui couvrit ses chefs de ridicule, en paraissant anéantir leurs projets et frapper d'impuissance leurs velléités de trahison.

Ce n'était malheureusement pas un échec définitif, mais un simple ajournement ; car ils surent, plus tard, trouver une majorité docile pour voter, même la *mort dans l'âme*, dirent quelques comparses entraînés, la dissolution de la Chambre des Députés, préface du coup d'Etat, décidé dès ce moment dans les conciliabules royalistes.

Nous sommes au 16 mai. C'est l'acte final qui doit amener le dénouement, et dans lequel on verra toute la puissance cléricale, la principale inspiratrice du mouvement, se développer avec un ensemble redoutable. Les monarchistes coalisés cachent cette fois leurs drapeaux, toujours ennemis, pour s'enrôler sous la bannière cléricale, sauf à se déchirer entre eux après la victoire.

Le bataillon des 363 soutient énergiquement la lutte ; il se rit des menaces, hypocrites ou violentes, avec lesquelles on essaie d'intimider la France: « *Nous irons jusqu'au bout de la légalité,* » s'écrie un jour le chef du ministère. — Si la légalité, même surmenée, ne suffit, on s'en passera: « *J'irai jusqu'au bout,* » se borne à dire l'illustre épée, un jour de revue militaire, pour accoutumer l'armée à l'idée prétorienne. Et pour rassurer les indécis, ceux qui craignent une défaillance, l'abandon de la place, on lui fait dire un autre jour : *J'y suis, j'y reste.*

A toutes ces rodomontades, le parti républicain, par la voix de Gambetta, fait cette simple et fière réponse: *Il faut se soumettre ou se démettre.* Et il obtint plus encore, car nous eûmes à la fois soumission et démission.

Ce ne fut pas toutefois sans de prodigieux efforts de résistance. Faut-il rappeler l'exhibition du Maréchal, se laissant promener dans toute la France pour y jouer passivement le rôle automatique qu'on lui avait appris? Et ce *Moniteur des Communes*, recueil officiel de calomnies, messager de fausses nouvelles, impudemment affiché chaque matin sur les murs du dernier des hameaux? Et ces innombrables procès à la presse républicaine, aussi souvent condamnée que poursuivie? Jamais manœuvre électorale plus colossale ne fut entreprise; il fallait l'outrecuidance des hommes du 16 mai pour oser l'organiser, et concevoir le ridicule espoir d'amener, par la peur ou la corruption, la France devenue républicaine à se donner un démenti.

Pourquoi ont-ils eu cette audace? Parce qu'ils comptaient sur le Sénat, qui aurait été leur juge et les aurait absous, puisqu'il avait été leur complice en leur accordant la dissolution.

Veut-on, en s'opposant à toute revision, permettre le retour de pareils attentats?

Sans doute, sous la présidence actuelle, la dissolution n'est plus à redouter, et cette arme échappe à ceux qui l'avaient forgée pour leur usage. Mais il reste le conflit, et c'est la seconde manière à laquelle se rattache la nouvelle majorité sénatoriale.

La lutte, habilement engagée sur le terrain clérical, tourne à l'état aigu et va s'envenimer de plus en plus.

La Chambre veut l'école laïque ; le Sénat prétend y faire entrer le prêtre et condamner l'instituteur lui-même à enseigner le Dieu de M. Jules Simon, plagiat inconscient de l'Etre suprême de Robespierre.

C'est le Sénat qui, déjà, en rejetant l'article 7 du projet de loi Ferry, avait contraint l'exécutif à cette campagne contre les congrégations, retranchées derrière les prétendues *lois existantes*, et où l'on vit des moines s'insurger contre la force publique.

Il y a d'autres points en litige ; on en saura trouver d'autres encore demain. Croit-on que la démocratie, menacée dans ses œuvres vives, se laissera docilement arracher l'avenir qu'elle tient en ses mains, qu'elle n'essaiera pas de briser ces liens qui l'étreignent, de submerger ces digues entre lesquelles on prétend resserrer le flot « qui coule à pleins bords, » comme le disait déjà Royer-Collard il y a plus d'un demi-siècle !

On s'attend à ces résistances ; on les désire ; l'excitation des esprits doit amener le désordre social, et l'anarchie susciter quelque sauveur providentiel, suprême espoir des classes déchues.

Voilà donc le Sénat en action, ce qu'il a fait, ce qu'il peut faire encore : il a déchaîné le Seize-Mai sur la République, et la République ne s'étant pas laissé égorger, il la mène tout doucement à la mort par le suicide.

C'est d'ailleurs un office parfaitement constitutionnel qu'il remplit ainsi : n'avait-il pas le droit de dissoudre la Chambre des Députés ? N'a-t-il pas le droit d'émettre des votes contraires à ceux de la Chambre ?

Mais c'est précisément en observant de cette façon la lettre de la Constitution qu'il est un danger permanent pour la République, et c'est ce que nous voulions démontrer.

CHAPITRE III.

L'ESPRIT DE LA CONSTITUTION

Il est deux manières d'observer la loi : selon sa lettre, ou suivant son esprit. Mais la première est la négation de la seconde, et il n'y a que les jésuites, ces pharisiens de nos jours, qui osent recourir à cette distinction pharisaïque.

Oui, le Sénat a observé la lettre de la Constitution ; mais l'a-t-il respectée dans son esprit ?

Il a, d'accord avec le Président de la République, dissous la Chambre des députés, et un texte formel, l'art. 5 de la loi du 25 février 1875, lui en donnait le droit incontestable. Mais n'est-ce pas un de ces droits rigoureux, *summum jus*, dont on ne doit user que dans un esprit de sagesse et de modération, en cas de nécessité évidente, sous peine de causer une suprême injustice, *summa injuria?* Cet adage des civilistes est tout aussi applicable au droit public qu'au droit privé.

Oui, la dissolution est légitime vis-à-vis d'une Chambre vieillie, qui paraît en désaccord avec l'opinion générale et ne plus la représenter.

Elle est légitime encore, si des conflits répétés avec l'autre Chambre rendent la marche du gouvernement impossible.

Alors c'est le cas de faire appel au Suffrage universel, juge souverain et en dernier ressort. Il saura, par ses choix, donner une consultation devant laquelle tous les pouvoirs publics auront le devoir de s'incliner.

Mais la Chambre dissoute était jeune et fidèle assurément à l'esprit de son mandat, comme l'avaient démontré les élections partielles qui avaient eu lieu successivement depuis son origine, comme le prouva depuis, d'une façon si expressive, la réélection unanime des 363. Elle n'était point entrée en conflit avec le Sénat. Pourquoi donc l'avoir dissoute? Sinon pour tenter de fausser les élections, ou profiter de l'interrègne parlementaire pour faire un coup d'Etat.

Cette dissolution, inspirée par l'esprit de parti, fut coupable au premier chef, et le Sénat, en l'accordant, fit un usage déloyal ou servile du pouvoir que lui avait confié la Constitution.

Il n'a pas mieux compris ses devoirs en soulevant les derniers conflits.

Prenons, comme exemple, la question de l'enseignement laïque, l'une des plus considérables que les progrès de la civilisation condamnent le monde moderne à résoudre. C'est une véritable révolution qui doit s'accomplir dans l'éducation, puisqu'il s'agit, en reléguant le prêtre dans l'église, et pour ne pas laisser le cœur de l'enfant sans culture, de substituer dans l'école la morale civique et purement humaine à la morale religieuse et dogmatique.

Or, la solution n'est pas douteuse, et elle est inévitable. Depuis longtemps l'enseignement laïque figure au premier rang sur le programme républicain, et ce programme a été invariablement ratifié par toutes les élections qui ont eu lieu depuis plusieurs années. Cet assentiment général, émanant de l'immense majorité de la nation, a même une valeur supérieure, en sincérité et en certitude, au plébiscite le plus formel.

Le Sénat le sait, et c'est en parfaite connaissance de cause qu'il n'hésite pas à se mettre en travers de la route, et à dire à la volonté nationale : Tu ne passeras pas.

S'il y avait un doute sur la volonté du pays dans une question de cette gravité, ce serait le cas très légitime de dissoudre la Chambre des députés pour consulter le Suffrage universel ; ainsi le voudrait le jeu normal de la Constitution. Mais le Sénat consentirait-il à cette dissolution? Non évidemment, parce qu'il est certain d'avance que les élections, se faisant sur cette question, lui infligeraient un désaveu écrasant.

En refusant ainsi la dissolution, tout en persistant dans sa résolution, il observe la Constitution dans sa lettre, mais il la viole dans son esprit, car c'est lui, et lui seul, qui devient le vrái souverain.

La Constitution de 1875 est républicaine ; elle a pour base essentielle, pour fondement incontesté, le Suffrage universel, ayant mission d'exprimer par l'organe de ses représentants directs la volonté de la nation. Elle reconnaît et consacre donc le grand principe de la souveraineté du peuple.

C'est dans le peuple que réside le pouvoir suprême primordial. Nul autre pouvoir ne peut être mis en balance avec lui, et le dogme monarchique de la séparation des pouvoirs est absolument faux dans un état démocratique. De la fameuse trinité mystique des pouvoirs législatif, exécutif et judiciaire, le dernier seul doit subsister dans toute son indépendance; mais l'exécutif n'est plus que le délégué du législatif, auquel il doit rendre compte, par ses ministres, de tous les actes de l'administration. Les Constituants de 1848 ont fait cruellement expier à la France l'erreur qu'ils ont commise en inscrivant la séparation des pouvoirs dans leur Constitution, ce qui les a conduits à donner à l'exécutif une origine particulière et une indépendance propre, c'est-à-dire la puissance morale et matérielle qui a rendu possible le criminel attentat du 2 Décembre.

La même erreur semble avoir hanté l'esprit de quelques-uns des principaux auteurs de la Constitution de 1875. Que dit, en effet, M. Dufaure dans l'exposé des motifs? « Après avoir légalement défini les pou-» voirs dont les résolutions mises en com-» mun exprimeront la volonté nationale, il » reste à dire comment ils pourront vivre » rapprochés, mais distincts, indépendants » dans leur action, exposés à se contredire,

» mais forcés de s'entendre en définitive
» dans l'intérêt du pays. »

Qu'est-ce que ces trois volontés qui doivent se mettre en commun pour former une volonté unique, pour exprimer la volonté nationale, sinon la théorie monarchique de l'équilibre des pouvoirs, que le vieil homme d'Etat, trop récemment et mal converti à l'idée démocratique, entendait transporter dans la Constitution républicaine? Elle avait été comme le *Credo* politique de toute sa vie, et il n'en était pas désabusé, malgré les dures leçons, toutes fraîches encore, de l'histoire contemporaine. La fameuse bascule parlementaire, dans ses oscillations désordonnées, n'avait-elle pas toujours amené, tantôt le gouvernement personnel, tantôt la prépondérance du Parlement, et ne l'avions-nous pas vue, chez nous-mêmes, à deux reprises, en 1830 et en 1848, se briser au choc de révolutions inévitables?

Même sous les monarchies parlementaires loyalement pratiquées, la séparation des pouvoirs n'est jamais que fictive ; car c'est dans le Parlement que réside en réalité la volonté nationale, et c'est la Chambre populaire, non celle qualifiée à tort Chambre haute, qui en est l'expression suprême. Ecoutez ce qu'a dit à ce sujet Prevost-Paradol, qui fut, pendant la phase brillante de sa vie, l'oracle des parlementaires :

« Quelle doit être l'étendue et la nature » de l'influence exercée par la seconde » Chambre sur la conduite générale des » affaires publiques, et quels sont les » moyens de lui assurer cette influence ? » Reconnaissons avant tout que cette in- » fluence doit être prépondérante. Ce n'est » pas qu'une influence prépondérante, dé- » posée entre les mains de cette Assemblée, » ne puisse avoir des inconvénients ; ceux qui » s'épuisent à le prouver perdent leur temps » à démontrer l'évidence ; mais les insti- » tutions humaines ne peuvent que choisir » entre des périls inégaux, et cette prépon- » dérance, qui doit nécessairement exister

» quelque part, a des inconvénients plus
» considérables encore si elle est concentrée
» partout ailleurs qu'entre les mains de
» cette Asssmblée. Il est, en effet, indispen-
» sable qu'en cas de dissentiment entre les
» pouvoirs publics, le dernier mot reste à
» l'un d'eux. Si c'est au pouvoir exécutif
» que ce dernier mot doit rester, l'Assem-
» blée populaire n'est plus qu'un Corps
» consultatif..... Si, au contraire, le der-
» nier mot reste à l'Assemblée populaire,
» c'est la nation même qui prononce sur
» son sort par ses représentants, avec cet
» avantage que la nation peut toujours
» modifier son jugement en renouvelant
» ses représentants au moyen d'élections
» générales (1). »

Si, avec une monarchie parlementaire, c'est la Chambre populaire qui doit avoir le dernier mot, combien cela ne doit-il pas

(1) La *France nouvelle*, L. 11, ch. III, p. 92.

être plus vrai sous une République démocratique, où le système de la pondération des pouvoirs est matériellement impraticable, puisque l'un des pouvoirs manque, le pouvoir royal, qui par le droit de sanction participe effectivement à l'action législative? Le pouvoir présidentiel, simple émanation du Parlement, qui nomme le Président, ne possède, à vrai dire, aucune autorité propre; car c'est la Chambre des représentants qui, en donnant ou refusant sa majorité, impose au Président le choix des ministres, et par là elle exerce un ascendant incontestable sur l'administration tout entière, sur le Gouvernement du pays qui, en somme, l'a nommée dans ce but.

Veut-on opposer le texte, l'art. 1 de la loi organique du 25 février 1875 : « Le pouvoir » législatif s'exerce par deux Assemblées : » la Chambre des députés et le Sénat ? »

Mais prétend-on faire sortir de là une égalité absolue entre les deux Assemblées ? Si cela devait être, et que dans l'une d'elles se formât une opposition systématique hypothèse non inadmissible dans un pays comme le nôtre, travaillé par des factions irréconciliables, où aboutirait-on ? A l'immobilité absolue. Le prétendu frein modérateur, trop serré, ferait office d'entrave, et la machine Constitutionnelle s'arrêterait, fixée sur place. Le corps social, s'agitant dans le vide, ferait de formidables efforts pour se dégager; et il risquerait de périr dans une agonie convulsive.

Ou la résistance cesserait, et ce serait la seule voie de salut; mais laquelle des deux Chambres aurait le dernier mot? Ce ne pourrait être que la Chambre populaire, parce qu'elle est la seule qui soit nommée par le Suffrage universel, comme le porte ce même texte de l'art. 1, qui semble vouloir corriger, par cette indication immédiate, l'argument d'égalité offert par son premier alinéa. Remarquons encore, puisque nous en sommes sur le texte, que la Chambre des députés, soi-disant la Chambre basse, est nommée la première, avant le Sénat, soi-disant Chambre haute. Remarquons enfin que l'égalité absolue n'est pas formellement exprimée dans la loi du 23 février, qu'elle ne dériverait qu'implicitement du texte de l'art. 1, et que, si dans la loi du lendemain sur l'organisation du Sénat, il est dit (art. 8) que « le Sénat a, concurremment » avec la Chambre des députés, l'initiative » et la confection des lois, » c'est avec cette restriction importante et caractéristique : « Toutefois, les lois de finance doivent être, » en premier lieu, présentées à la Chambre » des députés et votées par elle. »

Cette primauté dans le vote du budget, c'est-à-dire dans l'acte législatif le plus considérable, parce qu'il est la source où s'alimente et s'entretient la vie nationale, qu'est-ce autre chose qu'un hommage rendu aux traditions qui en tout temps ont été suivies dans les pays parlementaires?

La pairie héréditaire de 1815, la pairie viagère de 1830, ont-elles jamais songé à résister, sur les questions essentielles, aux Chambres des députés, toutes censitaires qu'elles fussent ?

Le dictateur, qui créa pour son usage la Constitution de 1852, n'a-t-il pas cédé lui-même à ces traditions en accordant la prééminence à son Corps législatif sur le Sénat nommé par lui, et réduit à un droit de véto contre les lois jugées contraires à la Constitution, à la religion, à la morale, à la liberté des cultes, à la liberté individuelle, à l'égalité des citoyens devant la loi, à l'inviolabilité de la magistrature ? C'est en 1867 seulement que le pouvoir fut accordé au Sénat de renvoyer toutes les autres lois à une seconde délibération du Corps législatif, qui d'ailleurs eut toujours le dernier mot.

La pairie viagère d'Italie, la pairie élective de Belgique n'ont-elles pas l'habitude aussi de reconnaître la supériorité de l'autre Chambre ? Et la Chambre des lords, la première du monde entre les assemblées aristocratiques, ne vient-elle pas tout récemment de donner un éclatant exemple de son abnégation patriotique, en votant le bill agraire présenté par M. Gladstone en faveur de l'Irlande, quoiqu'il porte une si rude atteinte aux droits de la propriété foncière, dont les lords se considèrent comme les gardiens spéciaux ?

Le Sénat français, en s'obstinant dans le rôle hostile qu'il s'est attribué, a foulé aux pieds toutes ces traditions, méconnu et violé l'esprit de la Constitution de 1875. Il est aujourd'hui jugé et condamné; il doit périr ou se transformer.

CHAPITRE IV.

LE SÉNAT NE DOIT PAS ÊTRE SUPPRIMÉ.

A quatre reprises, dans le cours du siècle, la question de l'unité ou de la dualité du pouvoir législatif a été solennellement discutée :

La première fois, ce fut en 1791, dans l'Assemblée Constituante. Malgré l'exemple de l'Angleterre et des Etats-Unis d'Amérique, les seuls pays constitutionnels qui existaient alors dans le monde; de l'Angleterre dont le gouvernement avait réalisé, aux yeux des plus exigeants, le type de la liberté politique; des Etats-Unis qui venaient tout récemment, en 1787, de réformer en créant deux Chambres leur constitution fédérale de 1778, l'unité de Chambre fut consacrée par la Constitution votée le 14 septembre 1791 ; la majorité paraissait d'avance si certaine que Mirabeau, dit-on, n'osa soutenir le système de la dualité, défendu par Necker, Mounier, Lally-Tollendal, Malouet et d'autres orateurs aussi influents ; 499 voix contre 89 se prononcèrent en effet pour la Chambre unique.

La Convention avait aussi d'abord décrété l'unité de Chambre dans sa première Constitution, celle qui porte la date du 24 juin 1793. Mais cette Constitution, qui organisait un système législatif plébiscitaire, tel que Jean-Jacques Rousseau l'avait préconisé seulement pour les petits Etats, ne fut jamais appliquée ; après la réaction thermidorienne, la Convention, comme épuisée par les formidables luttes qu'elle avait soutenues, lassée de sa dictature révolutionnaire, effrayée de ses propres entraînements, et redoutant pour ses successeurs ces influences individuelles auxquelles elle avait si souvent cédé, vota, avant de se séparer, la Constitution directoriale de l'an III, avec ses deux Conseils qui devaient conduire la République sous l'épée du soldat usurpateur de Brumaire. A peine s'éleva-t-il une voix contre cet abandon de l'unité législative, et les conclusions du rapport de Boisssy d'Anglas furent pour ainsi dire adoptées à l'unanimité.

En 1848, eut lieu une troisième, et très brillante et très complète discussion. L'opinion républicaine, à cette époque, se prononçait énergiquement pour l'unité de Chambre, et ce n'était pas seulement par fidélité envers la tradition révolutionnaire, envers ce qu'on a appelé la légende conventionnelle; car le Sénat, instrument du despotisme impérial, la pairie aristocratique de la Restauration, et la pairie bourgeoise de 1830, auxiliaire trop complaisant du Gouvernement personnel qu'elle venait de laisser tomber, n'étaient point des précédents encourageants pour la création d'une seconde Chambre républicaine. Inutile ou dangereuse, telle apparaissait aux nouveaux constituants la division de la puissance législative en deux branches égales. Armand Marrast, rapporteur de la Commission de Constitution, exprimait cette idée en termes frappants : « Dès que vous » placez côte à côte deux Chambres égales en » puissance, vous n'arriverez qu'à l'un de » ces deux résultats : ou les Chambres » seront d'accord, et alors une double dis- » cussion, un double vote ne servent à » rien et peuvent nuire en retardant la loi; » ou bien elles seront en désaccord, ce qui » arrivera le plus souvent, et alors c'est la » lutte que vous établissez au sommet de » l'Etat. Or, la lutte en haut, c'est l'anar- » chie en bas ; les deux Chambres seront » donc un principe de désordre. »

Lorsque pour la quatrième fois, en 1875, la même question fut discutée dans l'Assemblée nationale, le parti républicain persista à réclamer une Chambre unique, mais il ne put faire triompher son opinion. L'œuvre conçue par MM. Wallon, de Ventavon et autres parlementaires royalistes, étonnés eux-mêmes de collaborer à la fondation de la République, dut être acceptée par les républicains. Ce fut de leur part une véritable abnégation, et ils montrèrent en cette circonstance un esprit de sagesse, un sûr instinct de l'avenir, qui devaient plus tard trouver leur récompense dans la conquête du pouvoir. Le sacrifice pouvait d'ailleurs n'être que temporaire, grâce à la clause de revision insérée dans la Constitution, reconnue perfectible.

Le moment de la revision est-il arrivé, et doit-elle consister dans la suppression du Sénat?

S'il fallait nous prononcer sur la question, dans les termes mêmes où elle a été constamment posée, c'est-à-dire sur le choix entre la Chambre unique ou deux Chambres égales en pouvoir, nous n'hésiterions pas à nous prononcer pour l'unité de Chambre, préférée par les constituants de 1791 et de 1848, encore désirée en 1875 par le parti républicain.

Il y aurait, en faveur de cette solution, une considération qui, à nos yeux, est dominante, c'est celle que nous empruntions tout à l'heure au rapport d'Armand Marrast : La lutte en haut toujours possible, avec l'anarchie en bas toujours menaçante. Considération purement théorique alors, mais à laquelle les conflits actuels donnent une confirmation pratique si éclatante.

Beaucoup d'autres raisons, soit dans le sens de cette opinion, soit dans le sens contraire, ont été développées souvent avec éloquence au cours de tous ces mémorables débats. Il serait inutile de les reproduire et difficile d'en trouver de nouvelles. La discussion est épuisée. Bornons-nous à rappeler que l'un des principaux arguments pour la création d'une seconde Chambre n'est qu'un argument monarchique, n'ayant quelque valeur que sous une Constitution monarchique : Il faut, dit-on, pour soutenir le pouvoir exécutif contre l'autorité morale que la Chambre élective tient de son origine, un corps intermédiaire, sur lequel au besoin tomberait l'impopularité de la résistance ; car il importe avant tout de sauver le prestige de la majesté royale. « Il est » souverainement prudent, disait Lally-» Tolendal, en 1791, d'éviter, à quelque » prix que ce soit, le danger, toujours incal-» culable, de mettre le dépositaire de la » puissance publique aux prises avec le » corps législatif. Et comment l'éviter s'il » n'y a point d'intermédiaire ? » Et Malouet s'écriait de son côté : « Comment pourrait-» on lier les représentants et prévenir l'ac-» croissement de leur puissance, si l'on se » bornait à écrire leurs devoirs, et si la » combinaison des ressorts du Gouverne-» ment ne défendait pas l'autorité royale? »

La même préoccupation assiégeait l'esprit de ceux qui, en 1831, soutenaient l'hérédité de la pairie : « Le trône, disait M.

» Bérenger, en présence de deux Chambres » dont l'origine serait semblable, se trou- » verait exposé aux mêmes dangers que » s'il était en présence d'une seule Chambre, » sans contrepoids, sans intermédiaire entre » elle et le Roi. Il succomberait tôt ou tard, » comme à une autre époque il succomba » dans l'Assemblée législative. Et M. Thiers, lui aussi partisan de l'hérédité de la pairie, affirmait que « jamais dans la » tête d'aucun publiciste, il n'est venu l'idée » de mettre en présence de la royauté la » démocratie toute seule, » ajoutant que le vrai rôle de la seconde Chambre est de servir de corps intermédiaire entre les élus du pays et la couronne.

Cette opinion, émise presque au début de sa carrière politique par l'homme d'Etat éminent que nous avons vu ambitionner, très loyalement d'ailleurs, de fonder une République conservatrice, est un peu oubliée aujourd'hui ; elle jette une lueur qui semble illuminer sa vie tout entière.

En 1848, lors de la discussion d'une Constitution cependant républicaine, M. Rouher pouvait se servir du même argument, mais parce que le pouvoir exécutif, tel que, par une faute impardonnable, on l'organisait, avec son origine populaire, avec ses attributions étendues, était un véritable pouvoir monarchique, le prestige du baptême démocratique étant à notre époque plus fort que celui de l'hérédité. Et M. Rouher, jaloux sans doute alors du salut de la République, voulait, par l'érection d'une seconde Chambre, prévenir les conflits qu'il craignait entre le Président et une Chambre unique. Il se faisait prophète à cette occasion; et comme s'il était le complice de l'avenir, il prédisait, avec une singulière assurance, sous la forme toutefois d'une prudente alternative, ce coup d'Etat qui devait être l'édifice de sa fortune politique : « Ou, disait-il, par une » marche continue, incessante, l'Assemblée » unique absorbera le pouvoir exécutif ; ou » le pouvoir essaiera une révolte dans un

» moment de crise. » Et encore : « Si le » Président est capable et ambitieux, il ne » consentira pas aux empiètements de » l'Assemblée ; il s'irritera de voir ses pro- » jets renversés, ses intentions méconnues » par une opposition que dirigeront les » hommes aspirant à lui succéder ; il s'ap- » puiera sur le peuple dont il est une éma- » nation ; et à un moment donné il entrera » en lutte ouverte avec les représentants » du pays. » N'y avait-il pas là comme une leçon et un encouragement à l'auteur, encore inconnu, mais déjà espéré peut-être, du coup d'État de décembre ! Quoi qu'il en soit, M. Rouher était sincère, puisqu'il demandait une Chambre préservatrice du danger qu'il signalait, un Sénat-tampon qui probablement n'eût pas mieux supporté le choc de ce Président quasi-Roi, que le Conseil des Anciens celui du premier Consul.

Mais, sous la Constitution actuelle, l'argument que nous venons de rapporter est sans force. Il ne saurait plus s'agir de fortifier le pouvoir Royal contre l'élément populaire du Parlement ; et le pouvoir exécutif de notre République démocratique doit être organisé de telle façon que la pensée même d'un conflit ne puisse lui venir à l'esprit. Il n'y a donc pas à lui fournir un appui dans une seconde Chambre égale à la première.

Cependant, remarquons-le bien, c'est toujours dans l'hypothèse de cette égalité des deux Chambres que nous avons raisonné jusqu'ici. Mais si cette égalité était supprimée, si la Chambre populaire recevait de la Constitution une supériorité qui enlevât toute possibilité de conflit, le Sénat ne deviendrait-il pas un rouage sans danger, et utile à conserver avec d'incontestables avantages ? Si nous préférons la Chambre unique à deux Chambres égales, n'y a-t-il pas lieu de préférer à la Chambre unique deux Chambres inégales, dont l'une pût servir de frein et de contrôle, à la fois pour calmer les emportements de l'autre, pour éclaircir et rectifier ses résolutions ?

Benjamin Constant a décrit les dangers d'une Chambre unique en termes si saisissants, si éloquents, que la page entière est digne d'être reproduite : « Une assem-
» blée qui ne peut être ni réprimée, ni con-
» tenue, est de toutes les puissances la plus
» aveugle dans ses mouvements, la plus
» incalculable dans ses résultats, pour les
» membres mêmes qui la composent. Une
» activité indiscrète sur tous les objets, une
» multiplicité de lois sans mesure, le désir
» de plaire à la partie passionnée du peuple,
» en s'abandonnant à son impulsion ou
» même en la devançant ; tour à tour la
» témérité ou l'indécision, la violence ou la
» fatigue, la complaisance pour un seul ou
» la défiance contre tous ; l'entraînement
» par des sensations purement physiques,
» comme l'enthousiasme ou la terreur ;
» l'absence de toute responsabilité morale,
» la certitude d'échapper par le nombre à la

» honte de la lâcheté et au péril de l'audace:
» tels sont les vices des assemblées lors-
» qu'elles ne sont pas renfermées dans des
» limites qu'elles ne puissent franchir...
» Tous les freins qu'une Assemblée unique
» s'impose à elle-même, les précautions
» contre l'urgence, la nécessité des deux
» tiers de voix, ou de l'unanimité, tous ces
» freins, dis-je, sont illusoires. Une Chambre
» unique met en présence une majorité et
» une minorité, avec cette circonstance de
» plus contre la minorité, que le règlement
» qu'elle invoque est l'ouvrage de la majo-
» rité, qui a toujours le sentiment de pou-
» voir défaire ce qu'elle a fait. »

Qu'en écrivant ces lignes, Benjamin Constant ait eu sous les yeux l'image de la Convention, qu'il ait esquissé quelques-uns des traits de cette grande figure, cela n'est guère douteux ; mais il est difficile de nier que pour la plupart ils conviennent à toutes les Assemblées délibérantes jouissant de l'omnipotence absolue.

Armand Marrast, dans le rapport déjà cité, le reconnaît lui-même, expliquant que, pour parer au danger de l'entraînement d'une Chambre unique, exposée à prendre des résolutions irréfléchies, à faire des lois imprudentes, dont elle serait la première à se repentir, la Constitution exigera trois délibérations successives, et organisera un Conseil d'État chargé de la préparation des lois. Vaines barrières, trop faciles à franchir, comme l'expérience l'a si souvent démontré.

C'est ailleurs, et en dehors de l'Assemblée souveraine, que le frein doit être cherché, car elle est impuissante à se le donner à elle-même. On le trouvera dans le maintien du Sénat, modifié selon les vues que nous avons indiquées. Cette modification doit amener une revision de la Constitution, qui, pour être efficace, devra porter, non seulement sur les attributions du Sénat et du Président de la République, mais encore sur le mode de nomination des sénateurs.

CHAPITRE V.

QUELLES DOIVENT ÊTRE LES ATTRIBUTIONS DU SÉNAT ?

Les attributions du Sénat doivent être modifiées sur deux points :

Le droit de dissoudre la Chambre des députés, qui lui appartient conjointement avec le Président de la République, doit être aboli.

Son droit de voter doit être converti en un véto suspensif.

Expliquons-nous d'abord sur le premier point.

Il est aisé de justifier l'abolition du droit de dissolution, car il constitue une choquante anomalie sous le régime républicain. Anomalie qui serait inexplicable si l'on ne savait que cette prérogative monarchique a été imposée par d'anciens monarchistes, restés, malgré leur conversion plus ou moins volontaire, grands admirateurs de la monarchie constitutionnelle, et qui ne voulaient qu'une République se rapprochant le plus possible de cet idéal regretté.

La revision à entreprendre doit tout d'abord éliminer cette branche parasite qui arrête l'arbre démocratique dans sa croissance.

La Chambre des députés est la seule qui soit nommée par le suffrage universel et direct, par l'ensemble des citoyens, la seule par conséquent qui représente la nation ; elle est par excellence l'Assemblée nationale, et c'est le nom qu'on devra lui restituer pour rentrer dans la vérité républicaine et remplacer l'appellation monarchique que les hommes de l'ancien régime lui ont donnée. Les députés des Etats ont été détrônés par la Révolution qui a sacré les représentants du peuple.

Que sous l'ancienne monarchie, que même sous la monarchie constitutionnelle, le Roi ait pu renvoyer dans leurs foyers ceux qui avaient été députés vers lui pour lui voter des subsides, lui exposer leurs doléances, ou plus récemment voter des lois soumises à sa sanction, *à son plaisir et volonté*, cela était parfaitement logique. Mais que l'Assemblée nationale soit dissoute par une volonté qui n'est pas sienne, qu'elle se retire devant l'ordre qui lui est intimé par le Président nommé par elle-même, devant l'injonction d'une Chambre inférieure tout au moins par son origine, voilà qui renverse les idées, qui heurte le bon sens, déroute la raison. C'est le mandataire qui révoque le mandant; c'est la nation mise en interdit par ses propres fonctionnaires, et, pour résumer d'un mot cette combinaison anarchique, c'est le maître expulsé par le serviteur.

Ajoutons: c'est la porte toujours ouverte à la conspiration monarchique; c'est un nouveau Seize-Mai en expectative, un Deux-Décembre en espérance. Le Conseil des Anciens n'avait que le droit de changer la résidence des Cinq-Cents, et cela suffit pour faciliter à Saint-Cloud le coup d'Etat de Brumaire, qui eût été impossible à Paris.

Ajoutons encore que le droit de dissolution est illimité. Le texte de la Constitution autorise *la dissolution*, donc autant de fois qu'il plaira au Président de la République, aidé du Sénat. Théoriquement ce peut être une lutte sans fin contre le Suffrage universel, mais il ne faudrait pas beaucoup de dissolutions répétées pour faire éclater la catastrophe.

Enfin, raison décisive, tirée de la législation comparée, c'est seulement dans les pays monarchiques, que le souverain jouit du droit de dissolution. Mais en Suisse, le Conseil des Etats, qui a le rôle d'un Sénat, ne peut dissoudre le Conseil national, qui est l'Assemblée des représentants du peuple. Aux Etats-Unis, le Sénat ne peut non plus dissoudre la Chambre des représentants, le Président ne possède qu'un droit d'ajournement du Congrès qui en fixe lui-même la durée.

La seconde modification doit porter sur le droit de vote.

L'innovation est ici plus tranchée, et va se heurter à des préjugés plus vivaces. Sans l'égalité du droit de vote, dira-t-on, le Sénat est annihilé ; il ne sera plus qu'une Chambre d'enregistrement, et l'autre Chambre n'aura même pas besoin de l'appareil solennel des anciens lits de justice pour mettre à néant ses résolutions. Plus puissante que les anciens rois de France, elle ressuscitera la Convention, avec sa dictature irrésistible, mais ne sachant pas se résister à elle même, en proie à tous les entraînements, à tous les égarements, à toutes les passions, à toutes les faiblesses. Entichée de sa puissance, elle n'accueillera qu'avec dédain ou colère le renvoi des lois non votées par le Sénat, et elle se fera un point d'honneur de persister dans ses résolutions. D'ailleurs, avec l'égalité, les conflits seront moins nombreux et moins dangereux qu'on ne le prétend; l'expérience l'a démontré, et, M. Dufaure ne l'a-t-il pas dit, les deux Chambres seront bien « forcées de s'entendre en définitive » dans l'intérêt du pays. » Cette égalité, d'autre part, est commandée par la nature même des choses, car elle donne une satisfaction nécessaire à deux besoins, également légitimes, de l'esprit humain, à deux tendances divergentes, l'une vers le progrès, l'autre pour la stabilité, qu'il faut se garder de soumettre l'une à l'autre, mais unir au contraire dans une alliance féconde; ce sont deux forces qu'il faut savoir employer dans une action commune pour aider au jeu régulier du mécanisme parlementaire.

Mais ces objections sont-elles fondées, et ne peut-on répondre que le Sénat, réduit au droit de véto, peut acquérir une autorité morale assez grande pour s'imposer à l'attention de tous les hommes sensés et honnêtes; qu'il obtiendra tout naturellement cet ascendant du jour où il cessera d'être le foyer des factions hostiles, ce qui ne manquera pas d'arriver lorsque le mode actuel de nomination des sénateurs aura été changé ; que, s'inspirant alors des mêmes sentiments républicains qui animent l'autre Chambre, ayant comme celle-ci le désir d'améliorer nos institutions, non de les détruire, ses résolutions seront accueillies par elle avec déférence, examinées avec maturité ; que, par la gravité, la solennité et l'éclat de ses délibérations, il saurait au besoin gagner l'opinion publique, et avec ce secours tout-puissant forcer l'Assemblée de s'entendre avec lui. La raison, la sincérité, quand elles ont une tribune pour se faire entendre, sont sûres de se faire écouter et acclamer; les adversaires les plus irréconciliables de la démocratie n'ont-ils pas eux-mêmes jadis inventé cette maxime: *Vox populi, vox Dei*, qui aujourd'hui se retourne si énergiquement contre eux par l'organe du Suffrage universel!

C'est dans ces conditions seulement que deviendrait vrai le mot de M. Dufaure, et ces deux Chambres, inégales en pouvoir, « seront forcées de s'entendre dans l'intérêt » du pays. » Les conflits s'apaiseront plus facilement ; en tous cas ils ne seront jamais insolubles comme ils le sont avec nos deux Chambres rivales, et l'expérience actuelle donne un éclatant démenti à l'expérience ancienne, invoquée par le vieux parlementaire.

Sans nul doute, l'esprit de conservation a le droit d'être représenté aussi bien que l'esprit de progrès. Mais est-ce à dire qu'ils ne doivent et ne puissent l'être que par deux Chambres distinctes et égales, qu'il faille les placer ainsi en face l'une de l'autre, dans l'attitude du combat, et d'un combat permanent, éternel, puisque les deux adversaires sont, l'un aussi bien que l'autre, plus invulnérables qu'Achille, de bouillante mémoire? Leur représentation naturelle et nécessaire n'existe-t-elle pas même dans une Chambre unique, qui a toujours sa minorité et sa majorité? A quoi bon instituer deux Chambres antagonistes pour avoir deux minorités conservatrices et deux minorités progressistes, ou *vice versa!* N'y a-t-il pas dans la Chambre des Communes des Wigs et des Tories, et n'est-ce pas elle, plutôt que la Chambre des lords, qui, avec ses majorités changeantes, a fait succéder d'abord Beasconsfield à Gladstone, puis Gladstone à Beasconsfield? N'avons-nous pas joui pendant 18 ans, en France, du même phénomène, lorsque la Chambre des députés, bien plus que la Chambre des pairs, désignait au Roi comme ministres, tantôt Thiers, tantôt et trop longtemps Guizot.

Mais quelle sera la durée du véto suspensif ? Elle devrait être assez longue pour donner aux passions le temps de se calmer, et à l'opinion publique le temps de se prononcer. La Chambre des députés, saisie de la loi renvoyée par le Sénat, devrait d'abord être assujettie aux trois délibérations, sans pouvoir s'en affranchir par la déclaration d'urgence. Finalement, si elle persistait dans sa résolution première, c'est à l'arbitrage du suffrage universel qu'il faudrait, à notre avis, recourir ; ce qui aurait lieu, non sous forme plébiscitaire, mais au moyen d'un renouvellement partiel de la Chambre ordonné par la Constitution, qui serait encore à reviser sur ce point. Ceci est une question distincte, que nous nous réservons d'étudier un autre jour. Supposons-la résolue dans le sens d'un renouvellement annuel par quart ou par cinquième; n'est-il pas vrai que la prochaine élection, en présence du véto sénatorial, se ferait sur la question litigieuse, et que la Chambre fortifiée par cette infusion de sang nouveau, pourrait, sans inconvénient, être appelée, dans une dernière délibération, à dire le dernier mot?

Ce ne sont pas les partisans du régime

plébiscitaire qui devraient se plaindre de ce mode d'opérer, moins encore ceux de la démocratie pure, du gouvernement direct du peuple par le peuple, puisqu'on obtiendrait ainsi l'équivalent d'un plébiscite, et d'un plébiscite plus éclairé que celui résultant du vote populaire direct.

Le pouvoir législatif reste donc divisé en deux Chambres, et il réalise de cette façon les avantages que signalait M. de Tocqueville dans la même dualité, consacrée par la Constitution des Etats-Unis, mais sans les inconvénients qu'elle entraîne lorsqu'elle est basée sur l'égalité absolue d'attributions, qui est loin d'exister aux Etats-Unis ; « Diviser la force législative, » dit-il, ralentir ainsi le mouvement des » Assemblées politiques, et créer un tribu- » nal d'appel pour la revision des lois, tels » sont les seuls avantages qui résultent de » la Constitution actuelle de deux Chambres » aux Etats-Unis (1). »

(1) Démocratie en Amérique, t. I, p. 134.

Telles sont, en effet, les deux fonctions qui doivent appartenir au Sénat d'une République démocratique :

Reviser les lois votées par l'Assemblée, non toutefois comme un tribunal d'appel, qui est souverain dans la hiérarchie judiciaire, mais dans les limites que nous avons posées. La souveraineté n'est pas plus dans le Sénat avec le vote qu'avec le véto.

Et ralentir le mouvement législatif, non pas qu'il faille considérer le Sénat comme devant être le refuge de l'esprit de conservation réactionnaire, nous avons prouvé le contraire; mais en ce sens matériel en quelque sorte que, dans la mécanique constitutionnelle, il sera l'organe chargé de régler le mouvement, et de le retarder s'il est trop précipité.

Dans le système de l'égalité absolue des Chambres, le Sénat joue le rôle d'un moteur, et il ne doit être qu'un frein. Le mot est tellement juste qu'il est pour ainsi dire passé à l'état de cliché, mais le sens en est mal compris ou défiguré, car un frein est par essence un appareil modérateur ; s'il était assez puissant pour arrêter instantanément l'organe moteur, on verrait, dans ce *conflit* entre deux forces égales, la machine tout entière se briser violemment.

Pour défendre la dualité absolue, on s'est aussi servi d'une autre image : Qu'on suppose, a-t-on dit, le char gouvernemental, encore un cliché, attelé de deux chevaux, l'un tirant à l'avant, l'autre à l'arrière, avec un cocher qui fouette, selon le besoin, tantôt le courrier du progrès, tantôt celui de la conservation, et l'on aura sous les yeux le type exact du gouvernement parlementaire.

Quoique M. Thiers, si nous avons bonne mémoire, ait inventé cette image, qu'il s'est peut-être seulement appropriée, elle nous semble aussi fausse que celle du frein qui entrave. Si elle est un type de gouvernement, c'est celui du gouvernement personnel ; puisque cet Automédon, Président ou Roi, ne suit que ses inspirations propres pour activer ou retarder le char de l'Etat. Et qu'arriverait-il si ces deux chevaux, de force égale, qu'on ne l'oublie pas, devenaient insensibles au fouet et s'obstinaient à tirer chacun de son côté? Ce serait encore et toujours le conflit, amenant l'immobilité par l'impuissance de marcher.

Cependant, diront, comme dernier argument, les défenseurs de l'égalité des deux Chambres, nous avons pour nous l'expérience universelle, le consentement unanime des peuples vivant sous le régime parlementaire. Cette division du pouvoir législatif est considérée partout comme l'une des conditions fondamentales de la liberté politique ; c'est un principe si bien admis par tous les publicistes qu'il est passé à l'état de vérité absolue, d'axiome.

Mais dans cet argument il y aurait une distinction à faire : que la dualité de Chambres ait été et soit encore généralement admise, soit : mais ce n'est pas à dire que les deux Chambres aient été toujours et partout pourvues d'attributions égales.

Jetons un coup d'œil rétrospectif sur l'histoire de notre pays ; qu'y voyons-nous?

Sous la Constitution de l'an 3, la première qui ait consacré la dualité, le Conseil des Anciens n'avait pas l'initiative des lois, ni le droit de les amender ; il devait approuver ou rejeter dans leur ensemble les lois votées par le Conseil des Cinq-Cents. Il pouvait, en outre, les annuler pour violation des formes constitutionnelles.

D'après la Constitution de l'an 8, le Sénat, qui sous d'autres rapports avait des attributions si étendues qu'il était en quelque sorte la clef de voûte de la République directoriale, ne jouissait pas non plus du droit d'initiative ; il n'avait que le droit d'annuler les lois et les actes inconstitutionnels.

Il en était à peu près de même du Sénat institué par la Constitution de 1852.

Certes, nous ne donnons pas ces deux Constitutions comme des modèles de libéralisme. Nous savons qu'elles ont eu pour but l'une et l'autre de légaliser la dictature, et de la dissimuler sous l'hypocrisie des formes représentatives ; mais on ne saurait les accuser d'avoir manqué de logique, d'avoir organisé le conflit, et il faut même rendre cette justice aux deux dictateurs que c'est à la Chambre élective qu'ils ont accordé la prééminence.

Du reste, lors de la grande discussion qui eut lieu sous la première Constituante, en 1791, les orateurs qui demandaient la création d'une seconde Chambre, tels que Mounier et Lally-Tollendal, reconnaissaient déjà cette prééminence comme nécessaire, en proposant de conférer le vote de l'impôt à la seule Chambre des représentants. Dupont de Nemours dans la crainte du conflit, aurait voulu que le Sénat renvoyât à cette Chambre les lois qu'il n'approuvait pas, et que si, après trois renvois successifs, le désaccord subsistait, il y fût mis fin par une délibération prise en commun.

En 1848, M. Rouher, partisan des deux Chambres, admettait aussi la suprématie de l'Assemblée législative : « L'une des deux » Chambres, disait-il, aura naturellement la » haute main sur la conduite des affaires » publiques ; elle donnera l'impulsion au » gouvernement ; l'autre Chambre s'attri- » buera plutôt une mission de contrôle, » elle se mêlera moins aux débats de la » politique ; elle ménagera son intervention » pour les occasions solennelles. »

Si maintenant nous passons rapidement en revue quelques-unes des principales Constitutions étrangères, nous verrons les choses se passer de la même manière :

En Angleterre, la Chambre des lords a perdu, depuis plus de deux siècles, le droit de voter les impôts. Ce sont les Communes qui accordent les subsides à la Couronne « de l'avis des lords temporels et spirituels. » Cette formule est suffisamment significative. Dans les autres matières son rôle est de plus en plus effacé; son ancienne suprématie devient purement honorifique. Lord Chatam a dit, de la Chambre des lords, ce mot dédaigneux : *Elle fait tapisserie.*

En Prusse, la Chambre des seigneurs ne peut rejeter qu'en entier les projets financiers votés par l'autre Chambre. Du reste, en cas de rejet, le Ministère a le pouvoir de rendre des ordonnances ayant force de loi jusqu'à la session suivante, et il fait plus encore ; en interprétant la Constitution d'une certaine façon, il a pu, à une époque dont nul n'a dû perdre le souvenir, lever les impôts pendant plusieurs années, sans convocation nouvelle des Chambres.

En Italie, les lois financières sont soumises à la Chambre des députés avant de l'être au Sénat.

En Portugal, cette obligation s'étend à toutes les propositions gouvernementales.

En Suisse et aux Etats-Unis, pays d'Etats confédérés, la Chambre haute représente spécialement les États, et chacun d'eux, quelle que soit sa population, a droit à deux représentants. Cette égalité, instituée pour empêcher l'absorption des petits États, justifierait en faveur de la Chambre fédérale une grande extension d'attributions; cependant, comme dans presque tous les pays où le Sénat est électif, c'est l'avis de la seconde Chambre qui l'emporte lorsqu'il s'élève un désaccord sur les questions financières (1).

Dans certaines Constitutions, plus prévoyantes que la nôtre, on a paré au moyen de dénouer les conflits. Ainsi, aux Etats-Unis, le Président de la Confédération jouit d'un droit de véto relatif qui lui permet de renvoyer le bill à une nouvelle délibération, et ce bill acquiert force de loi définitive, s'il obtient une majorité des deux tiers des voix dans le Sénat et la Chambre des représentants.

Notre Loi constitutionnelle du 16 février

---

(1) Gomel, p. 136.

1875 donne aussi au Président de la République une sorte de véto en lui permettant, avant de promulguer les lois, de demander aux deux Chambres une nouvelle délibération; mais cette mesure est tellement insuffisante que le Président actuel de la République, en présence des derniers conflits, n'a pas cru devoir en user, la jugeant sans nul doute inefficace.

Il y a donc autre chose et mieux à faire ; pourquoi tarderait-on à se mettre à l'œuvre?

CHAPITRE VI.

DE LA NOMINATION DES SÉNATEURS.

On connaît le singulier mode électoral organisé par nos lois constitutionnelles pour la composition du Sénat.

Il y a deux classes de sénateurs : 75 ont été élus à l'origine par l'Assemblée nationale et ils sont inamovibles ; 225 sont nommés par un collège spécial composé des députés, des conseillers généraux et d'arrondissement, plus d'un délégué de chacun des Conseils municipaux de toutes les communes du département.

Là, encore, nous rencontrons de ces anomalies que jamais le parti républicain n'eût acceptées s'il eût été libre, et s'il n'eût dû payer, par ce contrat léonin, la rançon de la République, prisonnière de l'Assemblée royaliste de 1871.

Dans un état démocratique, portant tout au moins l'étiquette républicaine, admettre des sénateurs viagers, n'est-ce pas se mettre au-dessous de certaines monarchies, comme la Belgique par exemple, qui ont des sénateurs électifs et temporaires? Et pour que le nombre de ces inamovibles, non immortels, ne vienne pas à décroître, c'est le corps même du Sénat qui pourvoit aux vacances en se recrutant lui-même. Ce bataillon sacré, élite à choisir entre les purs, devait ainsi constituer à tout jamais dans le Sénat une majorité capable de lutter contre toutes les forces de la démocratie française.

L'espoir fut en grande parti déçu, et cependant, dût la réforme être défavorable au parti républicain, il importe à son honneur, à la dignité même de la République, qu'elle s'accomplisse au plus tôt. Des sénateurs inamovibles sont, par le fait, irresponsables;

il ne doivent compte à personnes de leurs votes ; rien ne garantit contre les capitulations de conscience, contre les défections. Ils doivent être replacés sous la loi commune ; il faut que, comme pour les autres, vienne le jour du jugement, afin que le Souverain puisse les absoudre ou les condamner.

Quant à la composition du collège électoral, elle doit aussi être modifiée. Au seul point de vue de la logique, rien n'est plus choquant que cette égalité absolue entre toutes les communes de France, la moindre bourgade étant mise au même rang que la capitale pour élire son délégué. L'intention est évidente, on comptait sur la population des campagnes pour écraser sous sa masse la démocratie des villes ; idée césarienne empruntée à celui qui, un jour, s'était présenté comme l'empereur des paysans.

Cette prétendue égalité est, chez nous, inique et injustifiable. Qu'aux Etats-Unis, qu'en Suisse, chacun des Etats ou des cantons soit également représenté dans un Sénat, dans un conseil spécial, c'est en vertu même du contrat fédératif et à titre de condition mise par chacun de ces groupes autonomes et jadis indépendants à son entrée dans la Confédération. C'est un moyen d'établir entre eux l'égalité qui serait rompue par une représentation proportionnelle au nombre des habitants. Leurs intérêts particuliers ont ainsi un organe distinct, placé en face de l'autre Chambre, organe des intérêts collectifs de la Confédération et composé d'un nombre d'élus proportionnel à la population.

Le Sénat français, qu'on a très nettement caractérisé dans son rôle actuel en le nommant le grand conseil des communes de France, n'a aucun droit à cette fonction; il n'est qu'une imitation maladroite et intéressée du Sénat américain, du Conseil fédéral Suisse. Nos conservateurs ne se sont-ils donc pas aperçu, en le constituant ainsi, qu'ils donnaient une sorte de consécration à l'idée de l'autonomie communale, qu'ils tendaient la main aux fédérés de la Commune ! Et l'on peut s'étonner que ceux-ci n'aient pas encore songé à réclamer une telle alliance. Est-ce par dédain ou ignorance ?

La revision constitutionnelle doit ainsi avoir un double objet :

1° Elle doit supprimer l'inamovibilité et abolir les deux classes de sénateurs, qui seront tous nommés dorénavant par le même collège électoral.

2° Le collège départemental peut être maintenu avec l'élection au scrutin de liste ; il comprendra, comme aujourd'hui, les députés, les conseillers généraux et d'arrondissement ; mais le nombre des délégués municipaux doit être modifié. Nous proposons qu'il soit fixé sur cette base : un délégué dans toute commune ayant moins de 1,000 habitants, et dans les autres un délégué en plus pour toute fraction de 1,000 habitants. Une ville de 100,000 habitants aurait

100 délégués. Paris, avec ses 2 millions d'habitants, en aurait 2,000, c'est-à-dire 100 pour chacun de ses 20 arrondissements.

Les délégués doivent-ils continuer d'être nommés par les Conseils municipaux? Non, à notre avis, le nombre devant en être trop considérable dans les grandes municipalités ; il serait, en effet, de beaucoup supérieur à celui des électeurs eux-mêmes, ce qui serait contraire aux usages du régime représentatif, où le nombre des mandataires est toujours de beaucoup inférieur à celui des mandants. Les délégués, étant le produit direct du suffrage universel, n'auraient, malgré leur nombre, que plus d'autorité morale, et l'uniformité serait ramenée dans le collège électoral composé tout entier d'électeurs au second degré, alors que les délégués actuels ne sont que des électeurs au troisième degré.

Si l'élection au second degré doit faire sortir des entrailles de la nation ce qu'on a appelé une aristocratie intellectuelle, c'est encore un motif pour lui restituer l'organisation rationnelle qui aurait dû lui être donnée dès le premier jour.

Si l'on compare ce mode électoral aux divers systèmes établis pour la composition des Chambres hautes qui ont existé en France, on le trouvera incontestablement supérieur :

En l'an III, le Conseil des Anciens était élu par le même corps électoral que le Conseil des Cinq-Cents ; cette identité d'origine lui enlevait toute originalité, et les deux Chambres n'étaient plus guère que les deux sections d'une Chambre unique.

Le Sénat de l'an VIII se recrute d'abord lui-même ; deux ans après, ce recrutement cesse même d'être libre et l'élection n'a plus lieu que sur la présentation du Premier Consul; on y ajoute quelques membres de droit, puis ceux que le Premier Consul veut lui-même élire, s'ils ont 40 ans et « se sont distingués par leurs services et leurs talents. » Ce Sénat, à peu près tout entier dans la main du maître, se montra digne de son origine ; il devint le Sénat impérial, dont la moralité politique se caractérise en deux mots : servilité et trahison.

Que dire du Sénat héréditaire de la Restauration ? du Sénat viager de 1830 nommé par le roi parmi certaines catégories de notables ? du Sénat du Second-Empire, viager aussi et composé de membres de droit ou de naissance, et de membres en nombre limité nommés par le chef de l'Etat ? Jamais il n'y eut ombre d'indépendance dans ces Assemblées, érigées, nous l'avons vu, dans l'unique but de garantir le souverain contre l'opposition de la Chambre élective.

Que si de la France nous passons à l'étranger, nous trouvons :

En Angleterre, les lords ; en Prusse, les seigneurs, entrant à titre héréditaire dans la composition des Chambres hautes ; en outre, la Couronne, en Angleterre, peut faire ce qu'on appelait en France, sous les deux branches de la maison de Bourbon, des fournées de pairs ; la reine peut, suivant une parole souvent répétée, élever à la pairie *tout un bataillon de sa garde*. Le roi de Prusse peut créer des pairs viagers en dehors de toute présentation Ce ne sera certes pas dans ces institutions aristocratiques que notre République ira puiser des modèles.

L'Italie a copié la Charte française de 1830, et c'est le Roi qui nomme des pairs à vie, choisis aussi parmi des catégories de notables.

Le Sénat belge est électif et il est nommé par le même corps électoral que la Chambre des Députés.

En Suisse, les deux membres nommés par chaque canton pour composer le Conseil fédéral sont en général élus par le Grand Conseil du canton. C'est le système électif à deux degrés, analogue à celui que nous réclamons pour la France.

Ce système paraît avoir été emprunté aux Etats-Unis d'Amérique, dont la Constitution a été sur beaucoup de points imitée par la Suisse ; le Sénat américain est élu par la législature de chacun des Etats confédérés. Au contraire, dans ces Etats, qui ont eux-mêmes un Sénat et une Chambre de représentants, les membres des deux corps ont une origine commune et sont élus directement par le peuple.

Inutile de pousser plus loin nos recherches. On voit assez, par les exemples cités, que l'inamovibilité viagère est une institution d'ordre monarchique, qu'elle n'a chez nous aucune raison d'être et doit être supprimée.

Que le système électif à deux degrés doit être maintenu et complété, comme étant le plus apte à marquer la distinction d'origine qui doit exister entre les deux Chambres.

Mais que l'assimilation de nos communes avec les cantons de la République helvétique ou avec les Etats de la Confédération américaine est absolument fausse, et que l'élection de nos sénateurs doit avoir pour base la population.

Avec un Sénat ainsi nommé et réduit aux attributions que nous avons indiquées dans le chapitre précédent, la République française possédera un organisme gouvernemental réunissant tous les éléments de stabilité et de progrès qui lui permettront de regarder le passé sans crainte, de réaliser toutes les espérances de l'avenir.

Elle pourra se remettre, sans entrave, à l'œuvre à peine ébauchée de la régénération sociale; elle n'oubliera pas plus longtemps qu'il ne suffit même pas d'universaliser l'instruction primaire, ni même de faciliter aux sujets d'élite l'accès à l instruction secondaire et supérieure, mais que nous avons à créer de toutes pièces un vaste système d'*éducation nationale*, prenant l'enfant dès ses jeunes années, le conduisant jusqu'à l'âge d'homme, et comprenant à la fois un enseignement moral, civique, militaire.

A ce prix seulement, nous pourrons conjurer et le péril étranger, toujours menaçant, et le péril intérieur(1), qui pourrait devenir aussi redoutable ; ainsi, nous parviendrons à retrouver, à accroître la grandeur et l'honneur de notre France républicaine.

(1) Voir le livre intéressant et patriotique de M. Raoul Frary : *Le Péril national*.

Chartres. — Imprimerie Durand frères

TABLE

Pages.

www.ingramcontent.com/pod-product-compliance
Ingram Content Group UK Ltd.
Pitfield, Milton Keynes, MK11 3LW, UK
UKHW021111290826
14628UKWH00014B/1600

9 782012 475694